CONSOLATION A POLYBE

AD POLYBIUM CONSOLATIO

41 ap. JC

Traduction : J. BAILLARD

Sénèque : Oeuvres complètes

CONSOLATION A POLYBE
AD POLYBIUM CONSOLATIO
41 ap. JC

Table des matières

Présentation

Polybe, affranchi de Claude, son secrétaire pour les belles-lettres, et qui partageait avec Narcisse la confiance de cet empereur, avait perdu un frère. Sénèque, alors exilé en Corse, lui adressa cette *Consolation* , qui, de tous les ouvrages publiés sous le nom de ce philosophe, est celui qui a le plus exercé la sagacité de ses commentateurs, le plus fait triompher la malice de ses ennemis, et le plus excité le zèle et la préoccupation de ces humanistes passionnés qui veulent que tout soit admirable dans la personne et dans les écrits des anciens.

La *Consolation à Polybe* nous est parvenue incomplète. Tous les manuscrits sont d'accord pour coter du chiffre XX le premier des chapitres conservés, ce qui n'a pas empêché la plupart des critiques d'affirmer sans preuves qu'on n'avait perdu qu'une très faible partie de cette pièce [241] .

XX.

Cette *Consolation* commence au chapitre XX [242]

.... comparés à notre corps, ils sont solides ; réduits aux conditions de cette nature qui détruit toutes choses et ne les a tirées de son sein que pour les y rappeler, ils sont bien frêles. Comment rien d'immortel eût-il pu sortir de nos mortelles mains ? [243] Les sept grandes merveilles du monde, et ce qu'a pu bâtir de plus prodigieux encore la vanité des âges suivants, tout cela un jour se verra couché au niveau du sol. C'est la loi : rien ne dure toujours, presque rien longtemps ; chaque chose a son côté fragile : si le mode de destruction varie, au demeurant tout ce qui commence doit finir. L'univers, selon quelques-uns, est condamné à périr ; et ce bel ensemble qui embrasse tout ce qui est Dieu comme tout ce qui est homme, un jour fatal, s'il n'est pas impie de le croire, le viendra dissoudre et replonger dans la nuit du premier chaos. Allez maintenant, et lamentez-vous sur des morts individuelles ; gémissez sur la cendre de Carthage, et de Numance, et de Corinthe, et de tout ce qui a pu choir de plus haut, quand ce monde, qui n'a pas où tomber, doit crouler à son tour ! [244] Allez et plaignez-vous que les destins, qui oseront consommer cette œuvre dont frémit la pensée, ne vous aient pas fait grâce à vous !

XXI.

Quel être assez superbe, assez effréné dans ses prétentions, voudrait, sous l'empire d'une nécessité qui ramène tout à la même fin, qu'il y eût exception pour lui et les siens, et qu'en cet univers, menacé de ruine lui-même, une famille quelconque fût sauvée ? C'est donc une puissante consolation de songer que ce qui nous arrive, tous avant nous l'ont subi et tous le subiront ; et la nature me semble avoir fait de sa plus dure loi la loi commune afin d'adoucir la rigueur du sort en le rendant égal pour tous [245] .

Vous trouverez encore un sensible allégement dans la pensée que votre douleur est sans fruit pour l'objet de vols regrets comme pour vous ; et vous ne voudrez plus prolonger ce qui serait inutile. Certes, si l'affliction peut en rien nous servir, je n'hésite pas : tout ce que mes malheurs m'ont laissé de larmes, je les répandrai sur le vôtre [246] . J'en retrouverai encore dans ces yeux épuisés par tant de deuils domestiques, pour peu qu'elles vous puissent être de quelque avantage. Que tardez-vous ? Unissons nos plaintes ; je prends en main tous vos griefs : « O Fortune ! si inique au jugement de tous, tu semblais jusqu'ici avoir respecté un homme mis par ta grâce en assez haute vénération pour jouir d'une immunité presque sans exemple, pour voir son bonheur échapper à l'envie. Voici que tu lui infliges la plus grande douleur que, sauf la perte de César, il pouvait ressentir : après avoir bien sondé toutes les parties de son âme, tu as compris qu'une seule était ouverte à tes coups. Car quel autre mal pouvais-tu lui faire ? Lui enlever son or ? Jamais il n'en fut l'esclave ; aujourd'hui surtout, le plus qu'il peut, il l'éloigné de son cœur ; et dans une si grande facilité d'en acquérir, il n'y cherche pas de plus précieux avantage que de le mépriser. L'aurais-tu privé de ses amis ? Tu le savais si digne d'être aimé, qu'il eût aisément remplacé ceux qu'il aurait perdus. Car, de tous les personnages puissants dans la maison du prince, je n'ai connu que lui dont l'amitié généralement si utile était encore plus recherchée pour sa douceur. Lui aurais-tu ravi l'estime publique ? Il y possède des droits trop solides pour être ébranlés même par toi. Aurais-tu détruit sa santé ? Tu connaissais son âme nourrie et, pour dire plus, née au sein des doctrines libérales, et affermie au point de dominer toutes les souffrances du corps. Lui aurais-tu ôté la vie ? Combien peu tu lui eusses fait tort ! La renommée de son génie lui promet l'immortalité. Il a travaillé à se survivre dans la meilleure partie de son être, et ses illustres, ses éloquentes compositions le rachèteront du tombeau. Tant que les lettres obtiendront quelque honneur, tant que subsisteront la majesté de la langue romaine ou le charme de la langue grecque, Polybe doit briller entre ces grands noms qui verront en lui l'égal ou, si sa modestie refuse cet éloge, l'associé de leur génie.

XXII.

« Ton unique pensée fut donc de trouver en lui l'endroit le plus vulnérable. C'est en effet à l'élite des humains que tu réserves tes coups les plus habituels, tes fureurs qui sévissent indistinctement et qu'il faut craindre même dans tes bienfaits. Qu'il t'eût coûté peu d'épargner cette rigueur à un homme sur lequel tes faveurs semblaient descendues avec choix et réflexion et non, suivant ton usage, jetées au hasard ! »

Couronnons, si vous voulez, ces plaintes, par le portrait de ce noble jeune homme enlevé dès ses premiers progrès dans la carrière. Il était digne de vous appartenir ; et vous, certes, bien digne de n'avoir à verser aucune larme sur le frère même le moins méritant. Tous rendent de lui un égal témoignage : il manque à votre gloire, rien ne manque à la sienne [247] ; il n'y avait rien en lui que vous ne fussiez fier d'avouer. Sans doute pour un frère moins bon, votre bonté n'eût pas été moindre ; mais rencontrant dans celui-ci une plus riche matière, votre affection s'y est plus complaisamment déployée. Son crédit ne s'est fait sentir à personne par l'injustice ; il n'a menacé personne de son frère. Il avait pris exemple de votre modération ; il avait compris et de quel honneur et de quel fard eau vous chargiez les vôtres. Il a suffi à cette tâche. Impitoyable destinée, que ne désarme aucune vertu ! Avant de connaître tout, son bonheur, votre frère fut moissonné par elle. Mon indignation, je le sais, est trop faible : il est si difficile de trouver des paroles qui rendent dignement les grandes douleurs ! Poursuivons toutefois nos plaintes, si nos plaintes servent de quelque chose : « Que prétendais-tu par tant d'injustice et de violence, ô Fortune ! T'es-tu sitôt repentie de tes faveurs ? Te ruer brutalement entre deux frères, et de ta faux sanglante trancher les nœuds d'une si douce concorde, bouleverser cette vertueuse famille de jeunes hommes tous dignes l'un de l'autre, et abattre sans nul motif une fleur de cette belle couronne ! Et que sert donc une pureté fidèle à toutes les lois de la morale, une frugalité antique, et au sein de la plus haute fortune l'empire de soi-même et la tempérance la plus scrupuleuse, le sincère et invariable amour des lettres, une âme vierge de toute souillure ? Polybe est dans les pleurs ; et averti par la perte d'un frère de ce que tu peux sur ceux qui lui restent, il tremble même pour les consolateurs que tu laisses à son affliction. O catastrophe non méritée ! Polybe est dans les pleurs ; il a pour lui la faveur de César, et il gémit ! Sans doute, Fortune insatiable, tu épiais l'occasion de montrer que rien, pas même César, ne peut garantir de tes attentats. »

XXIII.

Nous pouvons accuser, sans fin la destinée ; la changer, nous ne le pouvons. Fixe et inexorable dans ses rigueurs, ni invectives, ni pleurs, ni bon droit ne l'émeuvent : elle n'épargne jamais personne, elle ne fait grâce de rien. Étouffons donc des lamentations infructueuses : elles nous réuniraient plutôt à l'objet de nos douleurs qu'elles ne le tireraient de la tombe. Des tortures ne sont pas des remèdes : il faut dès l'abord-y renoncer ; et de puérils soulagements et je ne sais quel amer, plaisir de tristesse ne doivent point captiver notre âme. Car si la raison ne met un terme à nos larmes, ce n'est pas le sort qui l'y mettra. Jetez les yeux sur l'humanité qui vous environne : partout d'abondantes et d'inépuisables causes de chagrins. Une besogneuse indigence appelle cet homme à un labeur de tous les jours ; celui-là est aiguillonné par l'ambition, qui ne connaît pas le repos ; tel qui a souhaité les richesses, les redoute, et l'accomplissement de ses vœux fait son supplice ; ou les soucis ou les affaires nous tourmentent, ou les flots de clients qui assiègent sans cesse notre vestibule ; l'un gémit d'avoir des enfants, l'autre de les avoir perdus. Les larmes nous manqueront plus tôt que les motifs d'en verser. Ne voyez-vous pas quelle existence nous a promise la nature en voulant que les pleurs fussent le premier augure de notre naissance ? [248] Tel est le début de la vie, et la suite de nos ans y répond : c'est dans les pleurs qu'ils se passent. Que ceci nous apprenne à nous modérer dans ce qui doit se renouveler si souvent ; et voyant se presser sur nos pas cette masse d'afflictions imminentes, sachons tarir ou du moins réserver nos larmes. S'il est une chose dont il faille être avare, c'est surtout de celle dont l'usage n'est que trop fréquent. Pensez aussi, pour vous raffermir davantage, que le moins flatté de votre douleur est celui à qui elle semble s'adresser. Ou il vous défend ces cruels regrets, ou il les ignore : rien donc n'autorise un pareil hommage : offert à qui ne le sent point, il est stérile, et il déplaît s'il est senti.

XXIV.

Est-il un homme dans tout l'univers qui se fasse une joie de votre deuil ? je dirai hardiment que non. Eh bien, ces mêmes dispositions que nul ne nourrit contre vous, les supposez-vous à votre frère ? croyez-vous qu'il veuille votre mal, votre supplice, vous arracher à vos travaux, c'est-à-dire à vos études [249] , et à César ? Cela d'est pas vraisemblable. Il vous a aimé comme un frère, vénéré comme un père, honoré comme son supérieur : il vous demande des regrets, non du désespoir. Pourquoi donc vous complaire dans l'affliction qui vous consume, quand votre frère, s'il reste chez les morts quelque sentiment, désirerait la voir finir ? S'il s'agissait d'un frère moins tendre, dont le cœur fût moins sûr, je réduirais tout à une hypothèse et je dirais : Ou votre frère exige de vous des souffrances et des pleurs sans fin, alors il est indigne de tant d'affection ; ou il est loin de les vouloir, et il faut renoncer à une douleur inefficace pour tous deux : à un cœur dénaturé de tels regrets ne sont pas dus ; un cœur aimant les refuserait. Mais la tendresse de celui-ci vous fut trop bien prouvée :

tenez pour certain que la plus vive peine qu'il pût ressentir serait de vous voir pour lui dévoré d'amertumes, et vos yeux, qui le méritent si peu, condamnés sans relâche à se remplir tour à tour et à s'épuiser de larmes.

Mais voici surtout ce qui doit épargner à votre tendresse des gémissements superflus : songez aux frères qui vous restent et que vous devez instruire d'exemple à se roidir sous l'injuste main qui les frappe. Les grands capitaines, après un échec, affectent à dessein de la gaieté, et déguisent leur position critique sous un semblant de satisfaction, de peur qu'en voyant leur chef consterné, le courage des soldats ne s'abatte : tel est maintenant votre devoir. Prenez un visage qui démente l'état de votre âme, et, s'il se peut, bannissez entièrement vos douleurs : sinon, concentrez-les, contenez-en jusqu'aux symptômes ; ayez soin que vos frères se règlent d'après vous ; ils jugeront bien séant tout ce qu'ils vous verront faire, et leurs sentiments se régleront sur votre visage. Vous devez être et leur consolation et leur consolateur ; pourrez-vous retenir leurs plaintes, si vous laissez un libre cours aux vôtres ?

XXV.

Un autre moyen de vous préserver des excès de l'affliction, c'est de réfléchir que rien de ce que vous faites ne peut rester secret. Une grande tâche vous fut imposée par le suffrage de l'univers [250] : osez la remplir. Vous êtes entouré de tout un essaim de consolateurs qui épient l'intérieur de votre âme et tâchent de surprendre jusqu'où va sa force contre la douleur [251] , et si vous n'êtes habile qu'à user de la bonne fortune, et si vous sauriez souffrir en homme l'adversité ; tous les yeux observent les vôtres. Tout est permis à ceux dont les affections peuvent se cacher ; pour vous, le moindre mystère est impossible : la fortune vous expose au grand jour ; le monde entier saura de quel air vous aurez reçu cette blessure, si au premier choc vous avez baissé l'épée, ou si vous êtes demeuré ferme. Désormais, au poste élevé où l'amitié de César et votre gloire littéraire vous ont mis, nul acte vulgaire ne vous sied, nulle faiblesse de cœur. Or quoi de plus faible et de moins viril que de se laisser miner au chagrin ? Vous êtes, dans un deuil égal, moins libre que vos frères ; bien des choses vous sont défendues par l'opinion qu'on a conçue de vos talents et de votre caractère : et combien l'on exige, combien l'on attend de vous ! Si vous aviez fait vœu d'entière indépendance, fallait-il attirer sur vous les regards de tous ? Il vous faut maintenant remplir les belles promesses que vous avez faites aux admirateurs de votre génie, à ceux qui en transcrivent les productions, à tous ceux qui, s'ils n'ont pas besoin de vos puissantes faveurs, ont besoin des fruits de votre plume. Ils en sont les dépositaires : vous ne pouvez donc rien faire d'indigne des vertus et des lumières qui s'annonçaient en vous, sans qu'une foule d'hommes aient regret de vous avoir admiré. Vous n'avez pas le droit de vous affliger sans mesure ; et ce n'est pas le seul qui vous soit ravi : vous n'auriez pas droit de prolonger votre sommeil une partie du jour, de fuir le tourbillon des affaires pour le loisir et la paix des champs, de vous délasser, par un voyage d'agrément, des assidus travaux d'un poste laborieux, de vous récréer l'esprit par des spectacles variés, de régler à vos fantaisies l'emploi d'une journée.

XXVI.

Mille choses vous sont interdites qui sont permises à l'humble mortel perdu dans son obscur recoin. C'est une grande servitude qu'une grande fortune. Aucune de vos actions ne vous appartient : tant de milliers d'audiences à donner, tant de requêtes à mettre en ordre, les torrents d'affaires qui affluent vers vous de tous les points du globe, et sur lesquelles, selon leur rang, vous devez appeler la pensée du maître du monde, tout cela exige une entière vigueur dans la vôtre. Oui, il vous est interdit de pleurer, afin de pouvoir écouter la foule de ceux qui pleurent. Pour essuyer les larmes de ceux dont la détresse cherche à aborder la pitié du plus doux des empereurs, il faut d'abord sécher les vôtres. Vous dirai-je enfin un remède qui pour vous ne sera pas le moindre ? quand vous voudrez oublier tout, songez à César : considérez de quel dévouement, de quel zèle vous devez payer sa bienveillance ; vous sentirez qu'il ne vous est pas plus accordé de ployer sous le faix qu'à celui dont les épaules, si l'on en croit la tradition mythologie que, supportent la voûte céleste. Et César lui-même, à qui tout est permis, par cela seul est loin de pouvoir tout se permettre [252] . Toutes les familles sont protégées par ses veilles, le repos publia par son travail, les jouissances et les loisirs de tous par sa soigneuse activité [253] . Du jour où César s'est voué au bonheur du monde, il s'est ravi à lui-même ; et comme aux astres qui poursuivent leurs cours sans fin comme sans relâche, il lui est défendu de s'arrêter jamais, de disposer d'un seul instant. Dans une certaine mesure, la même nécessité vous commande, vous arrache au soin de vos intérêts, à vos goûts personnels.

Tant que César gouverne la terre, vous ne pouvez vous consacrer ni au plaisir, ni à la douleur, ni à aucune autre chose : vous vous devez tout au souverain. Et que dis-je ? puisque César, vous l'avouez hautement et sans cesse, vous est plus cher que votre vie, tant qu'il respire, vous ne sauriez, sans injustice vous plaindre de la Fortune. Lui vivant, tous les vôtres respirent : vous n'avez rien perdu, vos yeux doivent être secs, sereins même : vous trouverez tout en lui, il vous tient lieu de tout. Il répugnerait trop à votre sagesse, à votre âme sensible et reconnaissante, de méconnaître votre félicité jusqu'à oser pleurer quelque chose tant que vit César.

Je vous indiquerai encore un autre remède, non sans doute plus puissant, mais d'un usage plus familier. C'est sous votre toit que le chagrin menace de vous saisir au retour, car en présence de votre divinité, il ne saurait trouver accès : César remplira toute votre âme ; une fois loin de lui, la douleur, comme trouvant l'occasion, tendra des pièges à votre isolement, et peu à peu se glissera dans cette âme livrée au repos. Ne souffrez donc pas qu'un seul de vos instants soit inoccupé : qu'alors vos muses chéries, si longtemps et si fidèlement aimées, vous payent de retour ; qu'elles réclament leur zélateur et leur pontife ; passez de longues heures avec Homère et Virgile qui ont bien mérité du genre humain, comme vous de toutes les nations et d'eux-mêmes, vous qui les fîtes connaître à tant d'hommes pour lesquels ils n'avaient point écrit. Ne redoutez rien, pour tous les moments que vous aurez mis sous leur sauvegarde. Et surtout rédigez l'histoire des faits de votre empereur, pour que tous les siècles les apprennent par un témoignage domestique : lui-même, pour la forme et le plan de ces annales, vous donnera et la matière et l'exemple [254].

XXVII.

Je n'irai pas jusqu'à vous conseiller de composer, avec cette grâce qui vous est propre, des fables et des apologues dans le goût d'Ésope, genre que n'a pas essayé le génie romain [255] . Il est difficile, sans doute, à une âme si rudement frappée, d'aborder tout à coup des exercices de pur agrément ; toutefois soyez sûr qu'elle est déjà raffermie et rendue à elle-même, si de productions plus austères elle peut descendre à de moins graves études. Car votre imagination, quoique souffrante encore et en lutte contre elle-même, sera distraite par le sérieux même des choses où elle s'appliquera ; mais celles qui demandent à l'écrivain un front déridé vous répugneront, tant que vous n'aurez pas retrouvé toute votre assiette. Commencez donc par des sujets sévères, pour vous détendre ensuite sur de plus riants.

Ce sera aussi un grand soulagement de vous demander souvent à vous-même : « Est-ce pour moi que je m'afflige ou pour celui qui a cessé d'être ? Si c'est pour moi, plus de mérite dans la faiblesse dont je me pare ; et ma douleur, excusable seulement si elle part d'un noble motif, dès qu'elle a l'intérêt en vue, n'est plus de la piété fraternelle [256] . Or rien ne sied moins à l'honnête homme que de calculer à la mort d'un frère. Si c'est sur lui que je pleure, je dois admettre l'une de ces deux choses : ou il ne reste aux morts aucun sentiment, et mon frère, échappé à toutes les disgrâces de la vie, se retrouve aux lieux où il était avant de naître, libre de tout mal, sans crainte, sans désir, sans souffrance aucune ; quelle est alors cette folie de nourrir une douleur sans fin pour qui n'en éprouvera jamais ? Ou le trépas nous laisse encore quelque sentiment, et ainsi l'âme de mon frère, renvoyée comme d'une longue prison, jouit enfin d'elle-même, de son indépendance, du spectacle de la nature ; et tandis qu'il regarde d'en haut les choses de la terre, il contemple aussi de plus près les célestes mystères dont il a si longtemps et vainement cherché la clef. Pourquoi me consumé-je à regretter un frère qui est heureux ou qui n'est plus ? Pleurer un heureux serait l'envier, pleurer le néant est folie [257] . »

XXVIII.

Ne sauriez-vous sans émotion vous le figurer dépouillé des brillants avantages qui l'entouraient de tout leur éclat ? Mais songez, s'il, a perdu bien des choses, combien de choses il ne craint plus ! Point de ressentiment qui le tourmente, de maladie qui l'abatte, de soupçon qui le harcèle ; l'envie au fiel rongeur, constante ennemie de tout ce qui s'élève, ne s'acharnera plus sur lui ; la crainte ne l'aiguillonnera plus ; la légèreté de la Fortune, si prompte à déplacer ses faveurs, ne troublera plus sa paix. Calculez bien, on lui a fait grâce de bien plus qu'on ne lui a fait tort. Il ne jouira ni de l'opulence, ni de son crédit ni du vôtre ; plus de bienfaits à recevoir ni à répandre. Est-il à plaindre d'avoir perdu tout cela, ou heureux de ne pas le regretter ? Croyez-moi, plus heureux est l'homme à qui la Fortune est inutile, que celui qui l'a sous la main. Tous ces faux biens si spécieux, qui nous amusent de leurs trompeuses douceurs, argent, dignité, puissance, et tant d'autres hochets devant lesquels l'aveugle cupidité humaine s'ébahit, ne se conservent qu'à grand-peine, sont vus avec envie ;

ils pèsent à ceux même qu'ils décorent ; ils menacent puisqu'ils ne servent ; glissants et fugitifs, on ne les saisit jamais bien ; car n'eût-on dans l'avenir rien à craindre, une grande fortune à maintenir coûte par elle-même bien des soucis. Veuillez en croire ceux qui voient le mieux le fond des choses : toute vie est un supplice. Au milieu d'une mer profonde et sans repos, lancés dans les oscillations du flux et du reflux, tantôt élevés à des fortunes soudaines, tantôt dépouillés et plongés plus bas que nous n'étions montés, poussés, repoussés sans cesse, nulle part nous ne prenons pied en lieu stable ; nous flottons suspendus aux vagues, heurtés les uns par les autres, faisant mainte fois naufrage, le redoutant toujours. Sur cet orageux océan ouvert à toutes les tempêtes, le navigateur n'a de port que le trépas [258] .

Ne pleurez donc pas, comme forait l'envie, le bonheur d'un frère : il repose ; il est enfin libre, hors de péril, immortel [259] . Il voit que César lui survit, et tous les rejetons de César ; il vous voit lui survivre avec tous ses frères. Avant qu'elle changeât rien de ses faveurs, il a quitté la Fortune immobile encore et qui lui versait ses dons à pleines mains. Il jouit maintenant sans obstacle de l'immensité des cieux ; et d'une humble et basse région, il a pris son vol vers ce séjour, quel qu'il soit, qui ouvre aux âmes dégagées de leurs fers ses demeures bienheureuses ; et dans son vague et libre essor, il découvre tous les trésors de la nature avec un suprême ravissement. Détrompez-vous : il n'a point perdu la lumière ; il en respire une inaltérable, vers laquelle nous nous acheminons tous. Que plaignons-nous son sort ? Il ne nous a pas quittés, il a pris les devants [260] .

XXIX.

C'est, croyez-moi, un grand bonheur que de mourir au temps de la félicité. Rien n'est sûr, fût-ce pour tout un jour ; dans l'impénétrable obscurité de ce qui doit être, qui devinera si pour votre fière la mort a été jalouse ou bienveillante ?

Une autre consolation infaillible pour vous, qui êtes juste en toutes choses, sera de penser non qu'un tort vous a été fait par la perte d'un tel frère, mais que vous êtes redevable au ciel d'avoir longtemps et pleinement joui de sa tendresse. Injuste est celui qui dispute au bienfaiteur tout droit ultérieur sur ses dons ; avide, qui ne tient pas pour gain d'avoir reçu, mais pour dommage d'avoir restitué ; ingrat, qui nomme injustice le terme de la jouissance ; déraisonnable, qui s'imagine qu'on ne peut goûter que des biens actuels, au lieu de se reposer aussi sur les fruits [261] du passé, de juger bien plus sûr ce qu'on laisse derrière soi ; car là point de révolution à craindre. On resserre trop ses jouissances, si on n'en croit trouver qu'aux choses que l'on tient et qu'on voit, si les avoir possédées est compté pour rien : car tout plaisir est prompt à nous quitter : il fuit, il s'envole, et presque avant qu'il n'arrive, il n'est plus. Que la pensée se reporte donc sur le passé : tout ce qui jamais a pu nous charmer, rappelons-le, et que de fréquentes méditations nous le fassent mieux savourer. Le souvenir d'avoir joui est plus durable et plus fidèle que la jouissance. Vous avez possédé un excellent frère : comptez cela pour une félicité des plus grandes. Au lieu de songer combien de temps encore vous pouviez l'avoir, songez combien de temps vous l'avez eu. La nature vous l'avait, comme à tous les frères, non donné pour toujours, mais prêté : il lui a plu de le redemander, sans attendre que vous en fussiez rassasié, elle a suivi sa loi. Qu'un débiteur s'indigne de rembourser un prêt, qui surtout lui fut fait gratuitement, ne passera-t-il pas pour injuste ? Ainsi vous reçûtes la vie votre frère et vous : la nature a usé de son droit en exigeant plus tôt ses avances de qui elle a voulu. Ne l'accusez pas : ses conditions étaient connues ; accusez l'esprit humain si avide dans ses prétentions, si vite oublieux de ce que sont les choses, de ce qu'est ; l'homme lui-même, quand la nature ne l'en avertit pas. Félicitez-vous donc d'avoir eu un si bon frère ; et la jouissance d'un tel bien, quoique trop courte au gré de vos vœux, sachez l'apprécier. Reconnaissez que si la possession fût des plus douces, la perte était dans l'ordre des choses humaines. Il y a en effet une inconséquence des plus grandes à s'affliger de ce que le sort nous ait, pour peu d'instants, gratifié d'un tel frère, et à ne pas s'applaudir qu'il nous en ait gratifié. « Mais une perte si imprévue ! Chaque homme a son illusion qui l'abuse : s'agit-il de ceux qu'il aime, il oublie volontiers la loi de mortalité. La nature n'a garanti à personne qu'elle lui ferait grâce de l'indispensable tribut. Journellement passent devant nos yeux les funérailles d'hommes connus ou inconnus de nous ; jet nous pensons à autre chose, et nous appelons subite une catastrophe que chaque jour nous signale comme inévitable. Il n'y a donc pas là injustice du sort ; il y a dépravation d'esprit chez l'homme, insatiable en tout, et qui s'indigne de sortir d'un lieu où on ne l'admit qu'à titre précaire.

XXX.

Combien était plus juste le sage qui, apprenant la mort de son fils, fit cette réponse digne d'une âme héroïque : « En lui donnant la vie, je savais qu'il mourrait un jour ! » Certes il ne faut pas s'étonner que d'un tel père soit né un homme qui sut mourir avec courage. La mort d'un fils ne parut pas au philosophe une chose nouvelle : car qu'y a-t-il de nouveau qu'un homme meure, quand toute son existence n'est qu'un acheminement vers la mort ? « En lui donnant la vie, je savais qu'il mourrait un jour. » Puis il ajoute, avec plus de sagesse encore et de fermeté : « C'est pour cela que je l'ai élevé. »

C'est pour cela qu'on nous élève tous : quiconque arrive à la lumière est promis au trépas. Heureux du prêt qui nous est fait, rendons-le dès qu'on le réclamera. Le sort saisira l'un plus tôt, l'autre plus tard : il n'oubliera personne. Tenons-nous prêts et résolus : ne craignons jamais l'inévitable, et attendons toujours le possible. Citerai-je ces généraux, les enfants de ces généraux, et ces hommes tout chargés de consulats et de triomphes, payant leur dette à l'inexorable destin ; des royaumes entiers avec leurs rois, des peuples avec leurs races diverses subissant la même fatalité ? Tout homme, que dis-je ? toute chose marche à sa dernière heure ; tous cependant n'ont pas pareille fin. La vie abandonne l'un au milieu de sa course ; elle échappe à l'autre dès le premier pas, tandis qu'une extrême vieillesse, déjà lasse de jours, obtient à peine le congé qu'elle demande [262] . Celui-ci tombe au matin, celui-là le soir ; mais tous nous tendons vers un terme unique. Je ne sais s'il y a plus de folie à méconnaître la loi qui nous condamne à mourir, que d'impudence à y résister.

Prenez en main, prenez les œuvres de l'un ou de l'autre de ces deux poètes dont vos travaux ingénieux ont accru la célébrité, et dont vous avez rompu les vers avec tant de bonheur que le mètre ayant disparu, ils n'ont rien perdu de leur grâce. Car en passant d'une langue dans une autre, tous leurs mérites, chose si difficile, les ont suivis sous ce costume étranger. Il n'est pas un seul chant de ces poèmes qui ne vous offre en foule des exemples de vicissitudes humaines, de hasards imprévus, et de larmes provoquées par mille et mille causes. Avec quelle verve foudroyante vous reproduisiez ces grandes leçons ! Relisez-les, vous rougirez de faiblir si vite, et de déchoir de la hauteur de vos discours. Gardez que ceux qui naguère et tout à l'heure même admiraient vos écrits, ne se demandent comment de si fières et de si fermes paroles sont sorties d'une âme si facile à briser. Ah ! plutôt, reportez-vous, de ces pensées déchirantes, sur vos riches et nombreuses consolations : tournez vos yeux sur des frères chéris, sur une épouse, sur un fils. Pour le salut d'eux tous, la fortune a compose avec vous au prix d'un seul. Vous avez plus d'un cœur où vous reposer.

XXXI.

Épargnez-vous le discrédit de paraître aux yeux de la foule plus touché d'une seule douleur que de tant de consolations. Vous voyez tous les vôtres frappés avec vous, sans qu'ils puissent vous venir en aide ; loin de là, ils attendent de vous leur soulagement, vous le sentez bien : moins donc leurs lumières et leur génie approchent des vôtres, plus votre devoir est de résister au mal commun. Et c'est déjà une sorte d'allégement que de partager sa peine entre plusieurs : un fardeau ainsi divisé doit réduire beaucoup la part qui vous reste. Je ne cesserai non plus de vous offrir l'image de César : tant qu'il gouverne le monde, et qu'il fait voir combien l'autorité se conserve mieux par les bienfaits que par les armes ; tant qu'il préside aux choses humaines, vous ne courez pas risque de vous apercevoir d'aucune perte ; en lui seul vous trouvez un support, un consolateur suffisant. Relevez votre courage, et chaque fois que les larmes voudront mouiller votre paupière, arrêtez vos yeux sur César :

elles se sécheront au radieux aspect de cette puissante divinité. Éblouis de son éclat, vos regards ne pourront se porter sur nul autre objet : il les tiendra fixés sur lui seul. Il est nuit et jour le but de vos contemplations, votre âme n'en est jamais distraite ; pensez à lui, comme recours contre la Fortune invoquez-le, et sans doute ce prince, si débonnaire, si affectueux pour tous ceux qui lui appartiennent, aura déjà mis plus d'un appareil sur votre blessure et prodigué le baume qui doit charmer vos douleurs. Mais encore, n'en sût-il rien fait, voir seulement César ou penser à lui, n'est-ce pas l'adoucissement le plus prompt, le plus efficace pour vous ? Vous tous, dieux et déesses, prêtez-le longtemps à la terre, qu'il égale les hauts faits d'Auguste et dépasse ses années ; que, tant qu'il sera parmi les mortels, il ne s'aperçoive pas que rien dans sa maison soit sujet à la mort. Que le maître futur de l'empire, que son fils voie apprécier par un père son long dévouement, et qu'il lui soit associé avant d'être son successeur ! Que bien tard, et pour nos neveux seulement, luise le jour où sa famille le placera dans les cieux !

XXXII.

Que tes mains, ô Fortune ! s'abstiennent de lui faire outrage ; ne laisse voir sur lui ta puissance que par son côté salutaire ; permets qu'il ferme les plaies du genre humain dès longtemps malade et épuisé ; tout ce que les fureurs du chef précédent ont ébranlé, permets qu'il le remette en place et le rétablisse. Puisse cet astre, qui vint briller sur un monde tombé dans le chaos et englouti, dans les ténèbres, nous éclairer toujours ! Qu'il pacifie la Germanie, qu'il nous ouvre la Bretagne, qu'il continue les triomphes de son père et en obtienne de nouveaux, gloire dont moi-même je serai spectateur : c'est la première de ses vertus, sa clémence, qui me le promet. Car, en me précipitant dans l'abîme, il n'a pas juré de ne m'en point tirer ; que dis-je ? il ne m'a pas même précipité : la Fortune me poussait à ma chute, et il m'a soutenu ; et, guidée par l'indulgence, sa main divine m'a doucement déposé sur cette plage. Il a intercédé en ma faveur près du sénat : il a fait plus que me donner la vie, il l'a demandée pour moi. C'est à lui à voir comment il lui plaira d'apprécier ma cause : ou sa justice la reconnaîtra bonne, ou sa clémence la rendra telle ; mais le bienfait sera égal pour moi, soit qu'il me sache, soit qu'il veuille me voir innocent. Cependant ce m'est une grande consolation dans mes misères de considérer son active compassion parcourant tout le globe ; de ce même coin de terre où je suis enseveli, tant d'infortunés, plongés dans l'oubli d'une disgrâce de plusieurs années, ont été exhumés par lui et ramenés à la lumière ! je ne crains pas d'être le seul qui échappe à sa pitié. Mais qui sait mieux que lui l'instant où il doit venir au secours de chacun ? Je ferai tout pour que sa clémence ne rougisse pas de descendre à moi. Bénie soit-elle, ô César ! Par elle, en effet, les exilés vivent sous ton règne avec moins d'alarmes que les premiers de l'empire sous Caligula. Plus d'angoisses, plus de glaive d'heure en heure attendu : chaque voile qui se montre à l'horizon ne les fait plus pâlir [263] . Grâce à toi, les rigueurs du sort ont pour eux des bornes ; ils ont l'espérance d'un meilleur avenir, et le repos du présent. Ah ! sans doute la foudre est juste dans ses coups, quand ceux même qu'elle frappe la révèrent [264] .

XXXIII.

Ainsi donc ce prince, l'universel consolateur du monde, a déjà, si tout ce que je vois ne m'abuse, soulagé votre âme et appliqué sur une si grave blessure des remèdes encore plus puissants ; il n'a rien omis pour vous raffermir : tous les exemples propres à vous inspirer la résignation, sa mémoire si fidèle [265] vous les a rapportés ; il vous a développé les préceptes de tous les sages avec son éloquence ordinaire. Nul n'aurait mieux rempli que lui ce rôle de persuasion. De tels discours auront un bien autre poids, tombant de ses lèvres comme autant d'oracles ; toute la violence de votre douleur se brisera devant cette autorité plus qu'humaine. Figurez-vous l'entendre vous dire : « Tu n'es pas le seul que la Fortune se soit choisi pour victime d'une si rude disgrâce ; pas une maison sur toute la face du globe n'existe ou n'a existé, qui n'ait eu quelque catastrophe à pleurer. Sans m'arrêter à des faits vulgaires qui, plus obscurs, n'en sont pas moins frappants, c'est à nos fastes, aux annales de cette république que je te ramène. Tu vois toutes ces images qui remplissent le vestibule des Césars. En est-il une que n'ait rendue fameuse quelque grande peine domestique ? Est-il un de ces hommes, ornement des siècles où ils brillèrent, qui n'ait eu le cœur déchiré du trépas des siens, ou qui ne leur ait lui-même laissé les plus cuisants regrets ? [266] Te rappellerai-je Scipion l'Africain apprenant dans l'exil la mort de son frère ? Il l'avait arraché à la prison, mais à la mort, il ne le put ; et combien le droit le plus légitime révoltait sa tendresse pour lui ! tous l'avaient vu quand, le même jour qu'il enleva ce frère aux mains de l'appariteur du tribun, il osa, homme privé, s'opposer au tribun lui-même. Il supporta cependant la mort de ce frère avec autant de courage qu'il l'avait défendu. Te citerai-je Scipion Émilien, témoin, presque en un seul et même moment, du triomphe d'un père et des funérailles de deux frères ? Eh bien, à peine adolescent, touchant encore à l'enfance, quand sa famille s'ensevelissait dans les trophées même de son chef [267] , il contempla ce brusque vide avec la fermeté d'un héros né pour que Rome ne manquât point d'un Scipion, ou que Carthage ne survécût pas à ce nom-là. »

XXXIV.

« Parlerai-je de l'heureuse union des deux Lucullus rompue par la mort ? Et les Pompée, à qui le cruel destin ravit jusqu'à la consolation de s'abîmer dans le même naufrage ? Sextus Pompée survécut d'abord à sa sœur, dont la mort dénoua les liens si solidement formés de la paix publique ; il survécut à ce digne frère que la Fortune n'avait tant élevé que pour ne pas le précipiter de moins haut que son père ; et après cette nouvelle épreuve, il put suffire, non seulement à sa douleur, mais aux soins de la guerre.

« Partout s'offrent d'innombrables exemples de frères séparés par la mort, ou plutôt à peine un seul couple fraternel a-t-il été vu vieillissant ensemble ; mais je me contenterai des exemples de notre maison. Non, nul n'est assez dépourvu de sens et de raison pour se plaindre que la Fortune lui inflige quelque deuil, quand il saura qu'elle a eu soif des larmes même des Césars ? Le divin Auguste a perdu Octavie sa sœur, si chèrement aimée, et la nature n'a pas fait remise de ce tribut de larmes à l'homme auquel elle destinait le ciel. Et que dis-je ? accablé de tous les genres de deuil, il a vu périr le fils de sa sœur [268] , l'héritier qu'il se préparait. Enfin, pour ne pas compter une à une toutes ses afflictions, il a vu périr ses gendres, ses enfants et petits-enfants. Et nul de tous les mortels ne sentit plus que lui qu'il était homme, tant qu'il demeura chez les hommes. Cependant tant de coups terribles n'excédèrent pas les forces de cette âme assez grande pour suffire à tout ; et le victorieux, le divin Auguste dompta non seulement les nations étrangères, mais encore ses douleurs.

« Caïus César Agrippa, fils adoptif et petit-fils d'Auguste mon oncle, au sortir de l'adolescence, perdit son frère chéri Lucius, prince de la jeunesse comme lui. C'est dans les apprêts de la guerre des Parthes, qu'il reçut cette blessure à l'âme, bien plus grave que celle qui allait frapper son corps ; et il endura l'une et l'autre avec un cœur de frère et de héros. Tibère, mon oncle, vit mourir dans ses bras et couvert de ses baisers mon père Drusus Germanicus, son frère puîné, qui nous ouvrait le fond de la Germanie et soumettait à notre empire les races les plus indomptables. Toutefois Tibère sut modérer et son chagrin, et celui des autres ; l'armée entière consternée, foudroyée par cette mort, réclamait les restes de son cher Drasus : il la contint dans les bornes d'une affliction toute romaine ; il jugea que non seulement la guerre, mais aussi la douleur a sa discipline. Il n'eût pu arrêter les larmes des autres, s'il n'eût d'abord refoulé les siennes.

XXXV.

« Marc-Antoine, mon aïeul, l'égal des plus grands, sauf de l'homme qui fut son vainqueur, réorganisait la république sous le pouvoir triumviral, dont il était le chef ; il n'avait point de supérieur, et, ses deux collègues exceptés, voyait tout au-dessous de lui, lorsqu'il apprit la fin tragique [269] de son frère. Fortune capricieuse, quel jeu tu te fais du malheur des humains ! Dans le même temps que Marc-Antoine siégeait arbitre de la vie et de la mort de ses concitoyens, le frère de ce Marc-Antoine était condamné, conduit au supplice. Le triumvir supporta cependant cette affreuse plaie avec autant de grandeur d'âme qui toutes ses autres adversités : ses pleurs à lui, ce fut le sang de vingt légions immolées aux mânes fraternels. Mais, sans rappeler mille autres souvenirs de mort dont plusieurs me sont personnels, deux fois le sort m'a frappé dans mes affections de frère, et deux fois il a vu qu'il pouvait me blesser [270] , mais non me vaincre. J'ai perdu Germanicus mon frère ; et, pour bien juger combien je l'aimais, il faut comprendre jusqu'où va la fraternité la plus tendre. En ai-je moins su régler ma douleur de manière à ne rien omettre de ce qu'exigeait un cœur aimant, comme à ne rien faire que l'on pût blâmer dans un prince ? »

Supposez donc, Polybe, que le père de la patrie vous rappelle ces exemples ; que c'est lui qui vous montre qu'aucune chose n'est sacrée, n'est inviolable pour la Fortune, qui a osé faire sortir des pompes funéraires de ces mêmes palais où elle s'en vient chercher des dieux. Qu'on ne s'étonne donc plus de la trouver en quelque rencontre ou cruelle ou injuste. Peut-elle avoir pour des familles privées aucune équité, aucun ménagement, elle dont l'implacable fureur a tant de fois souillé par la mort l'oreiller sacré des Césars ? En vain les plus amers reproches sortiront et de notre bouche et de la bouche de tout un peuple, elle ne changera point pour cela. Sourde à toute prière [271], à toute expiation, ce qu'elle a fait des choses de ce monde, elle te fera toujours : il n'est rien que laisse en paix son audace, rien où ne touchent ses mains profanes. Elle forcera les plus saintes barrières, comme ce fut de tout temps son allure ; elle entrera, pour leur faire outrage, jusqu'en ces demeures qui ont des temples pour avenues, et aux portes couronnées de lauriers elle suspendra ses crêpes lugubres [272].

XXXVI.

Puissent seulement nos vœux et les publiques prières obtenir d'elle, si elle n'a pas encore résolu d'anéantir la race humaine, si le nom romain trouve encore grâce à ses yeux, qu'un prince donné au monde glissant vers l'abîme, soit aussi sacré pour elle qu'il l'est pour tous les mortels. Qu'elle apprenne de lui la clémence ; qu'elle soit douce envers le plus doux des princes [273] .

Pour vous, les yeux fixés sur ces grands hommes cités tout à l'heure, et reçus dans le ciel ou dans une sphère voisine du ciel, souffrez sans murmure que le sort étende sur vous aussi cette main qui ne respecte pas même ceux par qui nous vivons encore. Imitez leur courage à soutenir, à vaincre la douleur, et, autant qu'il est donné à l'homme, marchez sur les traces divines. Si ailleurs, sur la voie des dignités et de la noblesse, il y a l'obstacle bien grand des distances, la vertu est accessible à tous : elle ne dédaigne jamais quiconque fait tant que de se juger digne d'elle. Certes il est beau d'imiter ces hommes qui, pouvant s'indigner de n'être point exempts de votre infortune, n'ont pourtant pas tenu à injustice d'être en ce seul point assimilés aux autres, et n'y ont vu que le droit commun de la mort, subie par eux sans résistance farouche comme sans mollesse efféminée. Car ne point sentir ses maux, c'est n'être pas homme ; ne pas les supporter, c'est manquer de courage.

Après avoir parcouru la série de tous les Césars qui se sont vu ravir par le sort des frères et des sœurs, je ne puis en oublier un qu'il faudrait retrancher de cette liste impériale, et que la nature enfanta pour la ruine et l'opprobre de l'humanité, pour renverser de fond en comble un empire que relève la clémence du meilleur des souverains. Caligula, cet homme aussi incapable de se réjouir que de s'affliger en prince, après la perte de sa sœur Drusilla, fuyant la vue et le commerce de ses concitoyens, sans assister aux obsèques de cette sœur, sans lui rendre les derniers devoirs, retiré à sa maison d'Albe, cherchait dans les dés, tout le jour et toute la nuit presque, et dans d'autres semblables jeux de hasard, le soulagement du plus vif chagrin. O honte du rang suprême ! un empereur romain pleure une sœur, et ce sont les dés qui le consolent ! Ce même Caïus, dans tous les caprices du délire, tantôt laisse croître sa barbe et ses cheveux, tantôt parcourt en égaré les rivages d'Italie et de Sicile, n'étant jamais bien sûr s'il veut pour Drusilla des pleurs ou des autels. Car dans le même temps qu'il lui voue des temples et les honneurs divins, quiconque n'a pas montré assez d'affliction est frappé par lui des plus cruels châtiments ? [274] On l'a vu aussi impatient sous les coups de la mauvaise fortune, qu'il était dans la prospérité gonflé d'un orgueil plus qu'humain. Que toute âme romaine répudie l'exemple d'un insensé qui oublie son deuil dans des jeux hors de saison ou qui l'aigrit encore par une négligence et une malpropreté repoussantes, ou qui savoure, dans le mal d'autrui, la plus inhumaine des consolations. Pour vous, il n'est rien dans votre conduite qu'il vous faille changer, tant vous vous êtes de bonne heure passionné pour ces études qui relèvent si bien le prix de la prospérité, qui allègent si aisément l'infortune, qui font le plus bel ornement comme la plus douce consolation de l'homme.

XXXVII.

Plongez-vous donc davantage encore dans vos études chéries : c'est maintenant qu'il faut vous en faire comme un rempart, en entourer votre âme, et que d'aucun côté la douleur ne trouve accès en vous. La mémoire de ce frère demande aussi que votre plume lui élève un monument durable. Car voilà les seules œuvres de l'homme que n'outrage nulle tempête, que le temps ne consume jamais ; tout le reste, entassements de pierres, mausolées de marbre, tombeaux de terre élevés à d'immenses hauteurs, ne prolongent pas de beaucoup notre nom : tout cela périt comme nous [275] , il n'est d'indestructible que ce que le génie a consacré : voilà le généreux hommage, le temple que vous devez à votre frère. Mieux vaudra lui vouer votre génie, qui vivra toujours, qu'une douleur stérile et des larmes.

Quant à la Fortune, sa cause, il est vrai, ne saurait se plaider maintenant auprès de vous : car tous ses dons, dès qu'elle en a repris un seul, nous deviennent odieux ; on pourra néanmoins la défendre sitôt que le temps aura fait de vous un juge plus équitable : alors vous pourrez vous réconcilier avec elle. En effet, par combien d'avances n'a-t-elle pas compensé cette injure ? par combien de faveurs ne va-t-elle pas la racheter encore ? Et après tout, ce qu'elle vous a ravi, c'est elle qui vous l'avait donné [276] . N'armez donc pas contre vous, même votre imagination, n'aidez pas à votre chagrin. Votre éloquence sait, il est vrai, agrandir les petites choses, tout comme rabaisser, et réduire les grandes aux plus mince ? proportions ; mais qu'elle réserve sa vigueur pour d'autres besoins, qu'aujourd'hui elle s'emploie toute à vous consoler. Et encore, prenez garde, déjà même ces efforts ne seraient-ils pas de trop ? car si la nature a ici ses exigences, l'amour-propre nous grossit la dette. Jamais au reste je ne prétendrai vous interdire toute tristesse. Je sais bien qu'il se trouve des gens d'une philosophie dure plutôt que courageuse, qui nient que le sage puisse connaître la douleur [277] . Mais il paraît que ces hommes ne sont jamais tombés dans un malheur pareil au vôtre ; car alors la Fortune eût déconcerté leur fière sagesse, et les eût contraints, en dépit d'eux-mêmes, à confesser la vérité. La raison aura fait assez, si elle retranche seulement le superflu, l'excès de l'affliction ; mais la supprimer toute, que nul ne l'espère ni ne l'ambitionne. Qu'elle garde plutôt une mesure qui, sans ressemblera l'insensibilité ni au délire, nous maintienne dans l'état d'une âme affectée, mais non jetée hors de son siège. Que nos pleurs coulent, mais pour cesser bientôt que des gémissements s'échappent de nos cœurs brisés, mais qu'ils aient aussi leur terme. Réglez votre âme de manière à mériter l'approbation des sages et celle de vos frères. Faites que la mémoire de celui qui n'est plus puisse s'offrir à vous souvent et avec charme ; dans vos discours parlez mainte fois de lui, et que vos souvenirs vous le représentent sans cesse. Or il faut, pour cela, savoir trouver dans ces souvenirs plus de douceur que d'amertume. Car il est naturel qu'à la longue l'esprit s'éloigne des pensées auxquelles il ne revient qu'avec tristesse. Rappelez-vous tant de modestie, tant d'aptitude à entreprendre, d'habileté à exécuter, de fidélité dans les engagements. Racontez aux autres toutes ses actions, toutes ses paroles, et redites-vous-les à vous-même. Pensez à ce qu'il fut, et à tout ce qu'il promettait d'être : car que ne pouvait-on pas hardiment espérer d'un tel frère ?

Voilà, telles que je les ai pu rédiger, les réflexions d'un esprit dès longtemps affaissé et abâtardi par la disgrâce. Vous semblent-elles peu

dignes de votre-génie ou peu propres à guérir vos
douleurs ! songez qu'il n'a guère de loisir pour
consoler les autres, celui qu'absorbent ses propres
maux ; et que les termes de notre idiome viennent
difficilement au banni [278] , entouré de barbares
dont le langage discordant, choquant même pour
leurs frères un peu civilisés, frémit constamment à
son oreille [279] .

FIN DE
CONSOLATION A POLYBE